AF259845

DE L'HOSPITALISATION

DES

FEMMES ENCEINTES

> On vous accuse d'encourager le vice! Mais
> prenez garde : C'est dire que Notre-Seigneur
> lui-même a encouragé le vice! Qui donc ose-
> rait proférer un pareil blasphème?
>
> *Paroles prononcées par* S. G. L'Ar-
> chevêque de Lyon, *à l'Assemblée
> générale de la Samaritaine, le
> 14 Mars 1896.*

PAR

Le Vᵗᵉ Pierre de PELLEPORT-BURÈTE

Membre de la Société d'Économie sociale

Vendu 1 franc au profit de l'Œuvre bordelaise de Saint-Raphaël.

<table>
<tr><td>BORDEAUX
FERET ET FILS, ÉDITEURS
15, Cours de l'Intendance, 15</td><td>PARIS
GUILLAUMIN ET Cⁱᵉ, ÉDITEURS
14, Rue Richelieu, 14</td></tr>
</table>

1897

ŒUVRE BORDELAISE DE Sᵗ-RAPHAEL

BULLETIN DE SOUSCRIPTION

Membres Donateurs..... 500 francs une fois versés.

Membres Titulaires..... { 100 francs une fois versés. Cotisation annuelle de 12 francs qui peut être rachetée par un versement de 150 francs une fois donnés.

Membres Adhérents..... { Cotisation annuelle de 12 francs qui peut être rachetée par un versement d'une somme de 150 francs une fois donnés.

Je, soussigné, déclare souscrire :

Comme Membre

....

....

.... *le* 189

Nom ....

Profession ....

Adresse ....

DE L'HOSPITALISATION

FEMMES ENCEINTES

> On vous accuse d'encourager le vice! Mais prenez garde : C'est dire que Notre-Seigneur lui-même a encouragé le vice! Qui donc oserait proférer un pareil blasphème?
>
> *Paroles prononcées par S. G. L'Archevêque de Lyon, à l'Assemblée générale de la Samaritaine, le 14 Mars 1896.*

PAR

Le Vte Pierre de PELLEPORT-BURÈTE

Membre de la Société d'Économie sociale

———

Vendu 1 franc au profit de l'Œuvre bordelaise de Saint-Raphaël.

BORDEAUX	PARIS
FERET ET FILS, ÉDITEURS	GUILLAUMIN ET Cie, ÉDITEURS
15, Cours de l'Intendance, 15	14, Rue Richelieu, 14

1897

AU LECTEUR

La question de l'hospitalisation des femmes enceintes est une des plus délicates qui puissent être présentées au public charitable, elle doit être néanmoins sérieusement envisagée à un moment où l'état de la société française impose à ceux qui ne veulent pas laisser périr la patrie le devoir de lutter plus énergiquement que jamais contre la misère, l'ignorance et le crime.

Nous avons pensé qu'en pareille matière notre opinion était insuffisante, aussi avons-nous voulu lui donner plus de poids en invoquant à l'appui de notre enquête personnelle la déposition des hommes éminents, prêtres et laïques, qui à diverses époques ont tendu la main à la femme tombée. Puisse la parole de ces témoins appelés à la barre de l'opinion publique la gagner à la cause qu'ils ont si bien défendue et inspirer de nouveaux dévouements.

Bordeaux, le 30 mai 1897.

PRÉFACE

Le docteur Pinard, l'éminent professeur de clinique d'accouchement à la Faculté de médecine de Paris, a exposé et discuté la question de l'assistance aux femmes enceintes dans une étude publiée par la *Revue d'hygiène* en 1890.

Nous en extrayons le passage suivant dans lequel le docteur Pinard pose la question avec une très grande compétence et qui peut servir de préface au travail que nous présentons au public.

« Toute femme enceinte peut-elle subvenir à ses besoins?

» Les femmes qui ont fait preuve de fécondité peuvent et doivent être partagées en deux catégories bien distinctes : les femmes mariées d'une part, les célibataires et les veuves d'autre part. Il faut même ajouter à cette dernière catégorie les femmes mariées abandonnées par leur mari, dès que ce dernier a fait le diagnostic de la grossesse.

» Dans la première catégorie peu de femmes sont nécessiteuses; le mari ou le père de l'enfant travaille pour les deux. Cependant lorsque la famille est nombreuse, une nouvelle grossesse amène avec elle de nouvelles charges, même avant la naissance de l'enfant.

» La grossesse crée pour la femme une certaine impotence qui l'empêche de vaquer aux soins du ménage, à ses occupations, à son travail. De là une assistance lui devient nécessaire, et cette assistance son mari ou ses enfants ne peuvent, dans bien des cas la lui donner.

» Dans la seconde catégorie, nous rencontrons les femmes enceintes abandonnées, livrées à leurs propres ressources. Que deviennent-elles ? Comment vivent-elles ? L'histoire de ces malheureuses est presque toujours la même. Domestiques, ouvrières, employées dans les usines ou dans les magasins, elles emploient tous les moyens pour dissimuler leur grossesse. Je ne parle pas de celles qui font tout pour la faire disparaître.

» Puis, malgré leurs efforts, malgré toutes les constrictions, il arrive un moment où leur situation se découvre, et alors commence pour elles toute une vie de misère et de privations. Renvoyées de l'usine, de l'atelier, du magasin, de la ferme, parce que leur état ne leur permet plus de remplir les conditions de travail exigées d'elles, parce qu'aussi elles seraient un exemple déplorable pour leurs compagnes, une honte pour leur entourage ou leurs parents, chassées par leur famille bien souvent, ces malheureuses sont, on peut le dire, jetées sur la voie publique comme des pestiférées. De là elles viennent à Paris, quelquefois à pied, quelle que soit la distance qui les sépare de la capitale; j'en ai vu venir à pied de Brest et des différents points de la France.

» Errant de places en places, renvoyées de partout parce qu'elles sont enceintes et incapables de remplir la besogne pour laquelle on les paye, elles viennent frapper à la porte de nos Maternités, et nous ne pouvons pas les recevoir. Alors elles échouent dans certains établissements dont j'ai parlé (1), où, la plupart du temps, au prix du logement insalubre qu'on leur donne et de la nourriture insuffisante qu'on leur octroie, on les fait travailler du matin au soir, l'hiver, sans feu. Encore celles qui sont admises là doivent-elles être considérées comme privilégiées, le nombre de lits de ces établissements étant très restreint, et beaucoup d'entre elles ne peuvent pas être reçues. Aussi, celles qui ne peuvent trouver un refuge sont forcées d'aller dans des taudis infects, où elles se nourrissent juste avec assez de pain pour ne pas mourir de faim. Et encore se dépouillent-elles de leurs vêtements pour payer leur nourriture : la chemise, les bas, les jupons vont au Mont-de-piété, et ces femmes nous arrivent en travail quand nous ne pouvons plus ne pas les recevoir, avec une robe pour tout vêtement, et qu'elle robe ! Ceux qui ont fréquenté les Maternités savent que je n'exagère pas ».

Voilà pour la mère.

Quant à l'enfant de cette femme qui a traîné dans la misère pendant les mois qui précédaient le terme redouté, dans quelles conditions matérielles se présentera-t-il dans la vie ?

Dans une note (2) pour servir à l'histoire de la puériculture intra-utérine, le professeur Pinard s'exprime de la manière suivante :

(1) Dans les Maternités clandestines.
(2) Communication à l'Académie de médecine. Séance du 26 novembre 1895.

« Presque toutes les femmes recueillies et soignées au refuge de l'avenue du Maine, viennent accoucher dans mon service à la clinique Baudelocque. Or, nous n'avons point tardé à reconnaître que la plupart des enfants de ces femmes étaient remarquables par leur développement. Et chaque fois que dans ma visite, je m'arrêtais près d'un berceau pour faire constater combien l'enfant était beau, presque toujours, quand je demandais l'origine on me répondait : c'est un enfant du refuge ou c'est un enfant du dortoir. Ce qui voulait dire : c'est un enfant dont la mère a été soignée et recueillie soit au refuge, soit au dortoir de la clinique ».

Et plus loin : « J'ai pu, en déterminant les cas, considérés comme pathologiques, comparer le poids des enfants chez 500 femmes reposées et soignées, soit au refuge, soit au dortoir et le poids des enfants chez 500 femmes ayant travaillé jusqu'au moment de leur accouchement et voici ce que j'ai trouvé :

» 500 femmes ayant travaillé jusqu'au moment de leur accouchement ont donné :

» Poids par enfant : 3,010 grammes.

» 500 femmes ayant séjourné moins de dix jours au refuge on donné :

» Poids par enfant : 3,290 grammes, soit 280 grammes de plus par enfant.

» 500 femmes ayant séjourné au dortoir de la clinique de Braudelocque ont donné :

» Poids par enfant : 3,366 grammes; 356 grammes de plus par enfant ».

La question est ainsi posée au point de vue médical.

La vie de la mère et celle de l'enfant sont en danger dans les conditions que la grossesse impose d'ordinaire à une certaine catégorie de femmes, leurs vies sont préservées lorsque l'hospitalisation est exercée en faveur de ces malheureuses dans des asiles spéciaux.

DE

L'HOSPITALISATION DES FEMMES ENCEINTES

Nous avons l'intention, dans la présente étude, d'esquisser l'historique de l'assistance donnée aux femmes enceintes dans des asiles spéciaux pendant le temps de leur grossesse, d'exposer l'état actuel de cette question en France, et de déterminer quelle nous paraît être la part de l'assistance publique et de l'assistance privée en pareille matière.

HISTORIQUE DE LA QUESTION

Les Annales de l'antiquité sont remplies des histoires lamentables d'enfants exposés dans les forêts, sur les places publiques, victimes du froid, de la faim, des animaux sauvages, des animaux domestiques même; et ceux d'entre ces malheureux qui bénéficiaient de la pitié publique étaient sauvés de la mort pour être livrés au cirque, à la débauche ou à l'esclavage.

Le Christianisme vint. Ses prêtres et ses docteurs, ardents à relever la condition de ceux qui souffrent, ne peuvent se désintéresser de l'enfant, le plus pitoyable des miséreux, puisqu'il est sans défense et sans responsabilité. Ils élèvent la voix pour plaider la cause sainte de l'enfance; ils entendent, en restaurant les liens de famille, lui faire une place d'honneur au foyer et ils veulent adoucir par la charité les plaies qu'ils ne peuvent guérir.

Les empereurs chrétiens font des lois pour protéger l'enfant, les conciles s'occupent de leur bâtir des asiles; bientôt les œuvres de l'enfance se fondent. C'est au viii⁰ siècle que se trouvent les premières traces d'établissement créés pour les abriter et au xii⁰ siècle, à Rome, le Pape Innocent III bâtit la « Pieuse maison des enfants trouvés ».

On raconte à ce sujet une touchante légende (1).

Un ange se présenta à Innocent malade pour lui montrer des mères dénaturées précipitant d'un pont leurs enfants dans le Tibre et pour lui suggérer la pensée d'envoyer des pêcheurs jeter en cet endroit leurs filets dans le fleuve. Ainsi fit le Pape. Les pêcheurs jetèrent leurs filets et les retirèrent remplis des corps de malheureuses petites créatures qu'ils apportèrent à Innocent sur un plat d'or. Le souverain-Pontife, terrifié par un pareil spectacle, fit élever l'asile pour les enfants trouvés.

On sait combien nombreuses furent plus tard les créations d'hôpitaux destinés à recevoir les enfants abandonnés. En France, ces établissements furent de tout temps prospères avant saint Vincent de Paul qui leur donna un développement particulier, avant Colbert qui organisa administrativement par la création des *Manufactures* les fondations qui avaient jailli du cœur charitable de *Monsieur Vincent*.

« Paris a été à toutes les époques le refuge préféré des filles séduites et il ne perdra pas de sitôt cette situation privilégiée.

» Pendant le moyen-âge, les portes de l'Hôtel-Dieu s'ouvraient seules à ces vagabondes, encore dans les derniers mois de la grossesse.

» Les Catherinettes recevaient bien, à l'hôpital Sainte-Catherine, pendant trois jours et trois nuits, toutes pauvres femmes ou filles; elles n'accordaient qu'une hospitalité passagère.

» Il n'y eut qu'une tentative, de trop courte durée, d'asiles pour les femmes enceintes. Sous Louis XIV, et pendant quelques années seulement, l'hôpital Sainte-Marthe, connu sous le non de Maison Scipion (aujourd'hui la Boulangerie centrale des hôpitaux), fut destiné à recevoir les femmes grosses jusqu'à leur admission à l'Hôtel-Dieu.

» L'idée d'assistance préventive ne reparut, tout au moins en théo-

(1) Perguot, *Histoire de la fondation des hôpitaux du Saint-Esprit de Rome et de Dijon.* — Léon Lallemand, *Histoire de la charité à Rome.*

rie, que pendant la révolution française. Sous l'inspiration généreuse du citoyen Maignet, représentant du Puy-de-Dôme et rapporteur du comité des secours publics, la Convention prenait la résolution suivante : « Il sera établi dans chaque district une maison où la fille enceinte pourra se retirer pour y faire ses couches : *elle pourra y entrer à telle époque de sa grossesse qu'elle voudra.* »

» Cette disposition excellente resta lettre morte, comme les autres articles du décret du 28 juin 1793, dont les circonstances ne permirent pas l'application » (1).

De nos jours le développement des services de l'assistance publique, la création des œuvres innombrables de la charité privée et la promulgation de lois protectrices de l'enfance ont assuré dans une mesure très large, mais néanmoins toujours insuffisante, l'existence des malheureux enfants auxquels leurs mères ne peuvent donner ce qu'elles n'ont pas elles-mêmes, une famille, et dont la vie physique et morale dépend des pères adoptifs vers lesquels les dirigera leur bonne ou leur mauvaise étoile.

La loi, la charité légale et la charité privée protègent l'enfant né : pour la loi c'est un citoyen, pour la charité c'est un chrétien, à un moment de dépopulation comme celui que nous traversons, pour tous c'est aussi un soldat. Mais que font la loi et la charité pour préparer sa venue dans le monde ?

La loi et la charité chrétienne se sont en tout temps préoccupées de ce problème ; les savants et les philanthropes s'en émeuvent surtout, depuis que des statistiques effrayantes nous montrent avec la brutalité du chiffre que l'afflux des naissances masculines assure à l'armée allemande un recrutement double de celui de l'armée française.

Quelles sont les causes de cette déchéance ?

L'amour de l'argent, la diminution de la santé publique, le code civil, disent les économistes.

Quels seront les remèdes ?

La recherche de la paternité, la liberté de tester, la protection de l'enfance naturelle, les facilités accordées au mariage, la restriction de l'alcoolisme, les mesures d'hygiène, répondent-ils. J'admets tous ces moyens pour combattre le fléau qui nous menace ; j'en retiens

---

(1) Straus, *L'Assistance Maternelle.*

spécialement un qu'il appartient à l'initiative privée d'appliquer, la protection de l'enfance.

L'enfant est protégé par la charité dès qu'il est né; ne peut-elle le protéger avant sa naissance? Telle est la question qui s'est posée depuis longtemps et que certains ont résolue.

La première œuvre destinée à hospitaliser des femmes enceintes est due à l'initiative d'un Pape. Dans sa très remarquable histoire de la charité à Rome, M. Léon Lallemand, correspondant de l'Institut et écrivain charitable aussi distingué que compétent, expose dans les termes suivants l'historique de la fondation de l'hôpital Saint-Roch.

« En 1770, Mgr Jean-Marie Riminaldi, qui était primicier de la confrérie, obtint du Pape Clément XIV un bref affectant cet asile uniquement à la reception des femmes enceintes, et cette destination a toujours été maintenue depuis cette époque.

» Notre grand économiste M. de Gérando a tracé dans les quelques lignes qui ont servi d'épigraphe à ce chapitre (1), les règles que l'on doit observer à l'égard d'une Maternité. Ce sont ces règles qui de tout temps ont présidé au fonctionnement de l'asile hospitalier que les Papes, dans leur miséricordieuse charité, avaient ouvert au repentir.

« Voici comment Son Eminence le cardinal Morichini s'exprime au sujet de cet établissement :

» Les femmes enceintes qui se présentent, qu'elles soient ou non mariées, sont reçues sans que l'on s'informe de leur nom et de leur condition ; il est même permis, si elles le désirent, de conserver un voile sur leur visage.

» Dans les registres, les femmes sont désignées par un numéro d'ordre, de sorte que, en cas de mort, on ignore quelle était la personne défunte.

» L'entrée de l'hôpital est interdite aux hommes sans en excepter les parents des accouchées ou les personnages élevés en dignité; le médecin, le chirurgien, la sage-femme et les sœurs attachées à l'établissement y ont seuls accès.

» De plus l'asile étant excepté de toute juridiction criminelle et

(1) « La Maternité sera située dans un lieu écarté; les personnes qui y sont admises seront libres de ne déclarer ni leur nom, ni leur domicile; le registre des déclarations sera tenu secret. » De Gérando, *De la Bienfaisance publique*, 3me partie, livre III, chapitre III.

ecclésiastique, les femmes qui se font admettre sont assurées de ne pouvoir être inquiétées par qui que ce soit.

» Au moment de leur sortie, elles sont libres également de quitter l'hôpital à l'heure qui leur plaît; et pour faciliter le secret, la porte ne donne pas sur la rue, mais sur une cour à deux issues, l'une aboutissant viâ di Ripetta, et l'autre à une ruelle déserte et inhabitée, conduisant elle-même à une petite rue peu fréquentée.

» Les femmes qui pourraient avoir intérêt à cacher leur position sont reçues à Saint-Roch *longtemps avant l'époque de l'acouccliement.* Celles qui le peuvent payent une modique pension de 22 livres 75 cent. par mois, ou plus si elles demandent une nourriture spéciale.

» Le paiement de la pension cesse de droit du jour de leur délivrance. Elles ont durant leur séjour le titre général de *reposantes*, et comme les autres femmes, ne font connaître ni leur nom ni leur position, excepté au supérieur, astreint au plus grand secret ».

Aussitôt après leur naissance, les enfants, nés à Saint-Roch, sont transportés au Saint-Esprit, où les mères qui le désirent vont les reprendre à leur sortie (1).

Les revenus de l'hôpital se montaient en 1869 à 20,000 livres.

M. Léon Lallemand établit ainsi son budget pour 1875 :

```
Produits présumés des biens urbains. . . . . . . . . . . . . . . . 21931,04
Revenus généraux. . . . . . . . . . . . . . . . . . . . . . . . .  8439,25
Recettes constatées. . . . . . . . . . . . . . . . . . . . . . . 18189,82
```

C'est encore une fois à la charité chrétienne que nous devons reporter le très grand honneur d'avoir imaginé cette assistance discrète qui est le meilleur instrument de relèvement de la femme tombée, et il était naturel qu'il en fût ainsi puisque, alors que les savants et les philosophes du temps la rejetaient durement, le Christ relevait la Madeleine et son Eglise en faisait une sainte.

Les études du genre de celle que fait M. Léon Lallemand ont le double mérite de rendre justice à la vérité et de répondre d'une manière irréfutable aux publications qui laisseraient croire que l'histoire de l'assistance date de hier.

(1) A l'autre extrémité de Rome, au Saint-Sauveur, le Souverain-Pontife créa également un service d'obstétrique pour les femmes qui n'ont pas intérêt à demeurer inconnues.

Nous avons tenu à montrer dans d'autres études qu'il n'en était rien et que les œuvres dont nos contemporains sont si fiers ne sont que les timides copies des fondations puissantes que nos pères avaient élevées (1).

L'étude des publications faites sur l'assistance aux femmes enceintes prouve surabondamment la vérité des appréciations que je viens d'avancer.

J'ai entre les mains les ouvrages suivants : Les *Mères délaissées*, par le D' Lagneau ; *le Bulletin de l'allaitement maternel*, de l'*Assistance des femmes enceintes*, par le professeur Pinard ; une conférence et un article publiés dans la *Revue d'hygiène* ; l'*Enfance malheureuse*, de M. Strauss, conseiller municipal de Paris ; *la Charité privée à Paris*, par Maxime du Camp ; une communication du D' Lugeol au congrès international de la Protection de l'Enfance de Bordeaux en 1895. C'est d'après ces divers auteurs que je ferai l'historique de la question dans ces derniers temps.

La question des Maternités ouvroirs aurait été traitée pour la première fois par le D' Dutouquet, conseiller général de la Charente-Inférieure, qui préconisa la création d'asiles de Notre-Dame du Refuge ouverts aux femmes ou filles grosses, à titre onéreux ou gratuit. En 1875 elle fut reprise sous une forme plus pratique par le D' Lagneau et puis par MM. les D'* Métivier, Thulié et Strauss. En 1880 la maison de l'hospitalité de travail fondée à Auteuil et qui a pris un si grand développement, grâce à la générosité du comte de Laubespin, l'ami et l'aide de camp de mon grand'père, recevait des femmes enceintes, et Maxime du Camp a consacré à cette œuvre quelques-unes de ses plus belles pages.

« Toutes ne sont pas arrivées ici, dit-il, en passant par la grande route et plus d'une a pris le chemin de traverse, le chemin mal tracé, peu éclairé, coupé de fossés où l'on tombe et où l'on se noie. Les petites provinciales, ivres d'illusions, que les placeuses ont grugées, auxquelles on a tout offert, excepté un métier honnête, sont accourues vers les religieuses.

» Les pauvres servantes que leurs maîtres ont chassées parce que leur faute devenait trop apparente, ont songé au suicide, ont peut-

(1) L'initiative privée au xvii° siècle ; essai sur l'organisation charitable des paroisses de Paris. Les œuvres de la paroisse Sainte-Eulalie de Bordeaux.

être essayé de se suicider; une bonne inspiration ou un bon com-
missaire de police les a conduites à la Maison d'Auteuil.

» Toutes les misères, toutes les infortunes, toutes les déceptions sont
là; mais à côté, près du cœur, veille la charité qui ranime l'espérance
et le courage. Je regardais ces êtres auxquels les hasards n'ont pas été
plus cléments que leurs passions et je tournais les yeux vers la supé-
rieure; elle me comprit et à ma muette interrogation elle répondit :
« Il n'y a que la mort qui soit sans remède! ». Dans une telle bouche,
ce lieu commun me paraît admirable ».

En 1889 M. Lavergne saisit le congrès international d'assistance de
l'assistance aux femmes enceintes.

Le 24 mars 1890, sur la poposition de M. Paul Strauss, le conseil
municipal de Paris décidait en principe la construction d'un asile
dortoir pour femmes enceintes.

Le vote du conseil municipal ne tardait pas à susciter une belle
initiative dans la même direction.

Le 5 décembre 1890, une femme de grand cœur, Mme Marie Béquet,
de Vienne, fondatrice de la Société pour la propagation de l'allaitement maternel, sollicitait une subvention que le conseil municipal
s'empressait de lui allouer pour l'établissement d'une œuvre similaire.
Le refuge de l'avenue du Maine fut ouvert au mois de mars 1892.

Dans les notices publiées sur cette œuvre le conseil d'administration proclame que son refuge est le premier qui ait été ouvert en
France; et dans l'assemblée générale d'avril 1893, l'éminent président de l'œuvre, M. le Dr Cadet de Gassicourt, avance « que la
création de ce refuge constituait une entreprise sans précédent souvent rêvée et devenue pour la première fois une réalité ».

En 1891 l'*Académie de médecine* a groupé dans un ensemble de
vœux l'indication des mesures préventives et préservatrices de la
dépopulation, et elle a voté, dans sa séance du 5 mai, un texte dont
l'importance est appréciable.

Nous en retenons le passage suivant, adopté sur la proposition de
son président, M. le professeur Tarnier :

« Que dans chaque département il soit établi au moins un asile
destiné à recevoir les femmes pendant les derniers mois de leur
grossesse ;

» Que toute femme, si elle le désire, puisse y être reçue dans des conditions qui assurent le secret absolu sur son entrée, son séjour dans cet établissement et son accouchement ;

» Qu'il soit interdit de faire une enquête administrative sur le domicile et l'identité de toutes les femmes enceintes ou en couches qui sont hospitalisées, etc. ».

Depuis, le conseil municipal de Paris a créé successivement :

La Maison de travail Pauline Rolland, rue Fessart,

L'Asile Michelet,

L'Asile de nuit Georges Sand,

La Maison de convalescence Ledru-Rollin, à Fontenay aux Roses.

En outre, des services spéciaux pour les femmes enceintes ont été créés par la Préfecture de la Seine dans la maison de Nanterre et dans les asiles de convalescence du Vésinet pour les femmes sorties de la Maternité.

Tel serait l'historique de la question. J'ai prouvé, au début de la présente étude, que ses origines étaient plus anciennes; une simple enquête parmi les œuvres existant actuellement à Paris nous montrera que même en France les personnes éminentes, qui ont été émues au spectacle de la femme abandonnée, avaient été devancées par de charitables fondateurs qui puisaient dans leur sentiment de foi la volonté de tendre la main à celles de ces malheureuses qu'ils pouvaient espérer sauver physiquement par une sage hospitalisation, et préserver dans l'avenir en les rattachant à leur enfant.

RÉSULTAT D'UNE ENQUÊTE FAITE A PARIS
EN 1895 ET EN 1896

Les œuvres destinées à hospitaliser les femmes grosses se divisent en deux grandes catégories : les œuvres de l'assistance publique ; celles de l'assistance privée.

Grâce à des autorisations qui nous ont été très gracieusement données, nous avons pu visiter à plusieurs reprises, dans tous leurs détails, les uns et les autres de ces établissements.

Pour trois d'entre eux ; l'asile Sainte-Madeleine, l'asile Saint-Raphaël l'asile maternel de la Société philanthropique, dont la porte est impitoyablement close, sauf pour les prêtres et les médecins, nous avons dû nous contenter d'une vue d'ensemble; mais les directrices ont bien voulu, dans de nombreux entretiens, répondre à toutes les questions que nous leur avons posées et ont été assez bienveillantes pour nous donner des notes qui ont singulièrement facilité notre tâche.

Notre enquête s'est poursuivie à Lyon, et c'est M. Sabran, président du conseil général des hospices de Lyon, qui nous a fourni des renseignements sur l'œuvre si belle et si vivante due au zèle charitable de Mᵐᵉ Sabran, qui porte si bien un nom illustre dans les fastes de la charité française.

Nous remercions l'administration des affaires municipales de la ville de Paris et les directrices des œuvres sur lesquelles a porté notre examen de nous avoir ainsi donné le moyen de présenter au public charitable des vues d'ensemble sur la si intéressante question de l'assistance aux femmes enceintes.

En exposant les résultats de cette enquête, nous avons tenu, tout en donnant très nettement notre opinion personnelle, à reproduire des notes, des correspondances, des extraits de publications émanant de représentants autorisés de ces œuvres de manière à dégager plus exactement le caractère de chacune d'elles et à faire plaider leur cause par leurs avocats naturels.

En agissant ainsi, nous avons voulu donner à tous ceux qui nous liront les éléments nécessaires pour juger sûrement une question sur laquelle cependant nous nous sommes réservé le droit de porter en première instance un verdict personnel.

LES ŒUVRES DE L'ASSISTANCE PUBLIQUE

Asile Georges Sand. — Hospitalité de nuit.

L'asile Georges Sand, rue de Stendhal, reçoit en principe pendant trois jours toutes les femmes qui se présentent. La population comprend un quart environ de nomades et trois quarts de filles enceintes ou sortant des maternités et hôpitaux, convalescentes ou abandonnées. Les filles ou femmes enceintes peuvent rester toute la journée dans l'asile où elles sont nourries. Celles qui peuvent travailler sont

2

envoyées à l'asile-ouvroir Pauline-Rolland ; celles qui sont au huitième mois de leur grossesse sont dirigées sur l'asile Michelet.

ASILE PAULINE ROLLAND, *Rue Fessart*. — C'est par la circulaire suivante que la ville de Paris annonça en 1890 la fondation de cette maison hospitalière.

« Le Conseil municipal, sur le rapport de MM. Cattiaux et Georges Berry, a décidé la création d'un refuge-ouvroir pouvant recevoir 200 femmes et affecté à la création de l'établissement une somme totale de 310,940 fr., dont 271,000 pour la construction et le surplus, pour l'installation mobilière. Le terrain représente une valeur de 48,000 fr. environ. Le mobilier a été fabriqué à Montévrain, par les élèves de l'école d'Alembert, pupilles de la Ville.

Cet établissement est destiné à recevoir des femmes qui se trouvent momentanément sans travail, et à les abriter et nourrir, tout en les occupant pendant qu'elles chercheront de l'ouvrage. Comme les femmes reçues à ce refuge pourraient y séjourner un certain temps, que, dès lors, cet établissement se distingue nettement des asiles de nuit, des précautions devront être prises pour réserver les places vacantes aux femmes les plus méritantes et l'admission n'aura lieu qu'après enquête et sera prononcée par le préfet de la Seine.

Pour permettre aux femmes de trouver de l'ouvrage, des jours de sortie leur seront accordés pendant leur séjour.

D'un autre côté, pour occuper les réfugiées et les mettre en mesure de payer l'hospitalité qu'elles reçoivent par leur travail, des ateliers ont été organisés ; les femmes recueillies seront notamment occupées au blanchissage des effets de lingerie des établissements de la Ville et de l'Assistance publique.

Pendant leur séjour au refuge, elles seront nourries et habillées aux frais de la Ville de Paris.

L'attention de l'administration s'est tout particulièrement portée sur les conditions hygiéniques de l'établissement.

Les femmes seront, avant leur admission, examinées par un méde-cin à leur entrée ; elles passeront à la salle des douches où elles pour-ront prendre un premier bain. Durant leur séjour, des bains leur seront donnés à intervalles déterminés, et une chambre d'isolement permettra de séparer immédiatement toute femme atteinte d'indisposition; en cas de maladie, elle serait dirigée sur un hôpital.

En outre, pour empêcher que toute maladie soit introduite dans l'établissement par le linge à laver ou les effets à réparer, une étuve de désinfection a été annexée au refuge; tout objet, avant d'être manipulé, sera soumis à une épuration complète.

Au début on ne recevra qu'un très petit nombre de femmes, qui seront occupées à la confection des effets et vêtements du refuge, et ce n'est que progressivement que s'accroîtra le nombre des réfugiées pour atteindre le maximum prévu au commencement de l'hiver ».

Paris, le 6 juillet 1890.

Les résultats d'une enquête faite en 1893 sont les suivants :

La maison contient 200 lits ; l'admission des réfugiées est prononcée théoriquement par la préfecture et pratiquement par la directrice sur des envois ou des avis de la préfecture, des hôpitaux, des conseillers municipaux, des hôpitaux de convalescence du Vésinet et de Fontenay-aux-Roses ; la directrice reçoit aussi les femmes dont l'état inspire de l'intérêt qui se présentent au refuge.

Les femmes ainsi hospitalisées travaillent pour les maisons municipales d'assistance dont elles blanchissent, raccommodent et repassent le linge, elles font le neuf pour les maisons de fondation nouvelle et pour le renouvellement de la lingerie des autres établissements municipaux.

Le budget est de 70.000 fr. environ.

Effectif. — En hiver jusqu'à 170 femmes et 50 enfants. En été, 130 femmes.

Personnel. — Une directrice, quatre surveillantes, un portier, un chauffeur, deux ou trois hommes de corvée fournis par les asiles de nuit.

Rémunération. — Le conseil municipal a alloué en 1893 20.000 fr. à l'asile pour constituer une prime de travail payable à la sortie de l'établissement.

Sortie. — Les femmes enceintes ne quittent pas l'établissement, les autres sont libres de sortir pour chercher du travail.

Entrée. — Les femmes sortant d'hôpitaux spéciaux ne sont pas admises; on reçoit seulement, sauf exception, celles qui ont des papiers.

La statistique des années 1893-94-95-96 est la suivante :

	1893	1894	1895	1896
Entrées. . . . . , ...	2.102	1.647	1.018	949
Femmes enceintes. . . .	545	824	574	475
Produit du travail. . . .	46.095 fr. 65	46.828 fr. 93	49.372 fr. 30	102.431 fr. 60
Salaires. . . . , ...	10.558 fr. 55	10.178 fr. 55	9.744 fr. 95	12.245 fr. 70
Dépenses de nourriture.	47.060 fr. 18	44.838 fr. 43	40.854 fr. 17	43.898 fr. 90
Journées de présence. .	62.964	57.951	48.804	54.274

En 1897 la création des asiles Georges Sand et Michelet apporte des modifications peu sensibles au fonctionnement de l'asile Pauline Rolland.

On reçoit les femmes sans papiers, les désinfections se font à l'asile Georges Sand. — Le budget a été élevé à 100,000 fr.

Asile Michelet. — Le premier asile public pour femmes enceintes a été construit par la Ville de Paris, rue de Tolbiac; le très habile et très économe architecte, M. Bouvard, avait pris conseil du Dr Pierre Budin, l'éminent accoucheur en chef de la *Maternité*. L'établissement, d'abord édifié pour cent lits, est sur le point d'être agrandi en vue d'une population de deux cents pensionnaires; cette extension sera réalisée au mois d'avril prochain. Elle répond à un besoin absolu.

L'asile Michelet recueillant tout à la fois des femmes qui y viennent par misère et d'autres qui cherchent à cacher leur faute, toute enquête est interdite; les déclarations des réfugiées, comme au refuge-ouvroir de l'avenue du Maine, sont enregistrées sans contrôle.

L'article 3 du règlement est ainsi conçu : « Les femmes admises sont prévenues qu'elles ne sont pas tenues de fournir des renseignements. Toutefois l'administration prend note de ceux qu'elles consentent à donner ».

Les hospitalisées ne sont astreintes à aucun travail manuel, en dehors de l'entretien des vêtements de l'asile et du nettoyage; elles peuvent coudre et travailler pour l'extérieur sous leur propre responsabilité. Ces futures mères occupent une partie de leurs loisirs à confectionner leur propre layette, et elles n'ont pas de plus grande joie que lorsqu'elles reçoivent des morceaux d'étoffe pour faire des brassières ou des petits bonnets.

Voici, à titre de curiosité, le menu d'une journée d'hiver, choisie au hasard.

Premier déjeuner, à huit heures : soupe à l'oignon.

Grand déjeuner, à midi : mouton et haricots, 200 grammes de pain, vin.

Goûter, à quatre heures : 100 grammes de pain.

Dîner, à sept heures : soupe aux haricots, poissons à la vinaigrette, pommes de terre, 200 grammes de pain, vin rouge.

La statistique de 1896 nous apprend quelle a été la durée du séjour à l'asile, de ces mères malheureuses ; 84 y ont passé 1 jour ; 279 de 1 jour à 5 jours ; 186 de 5 à 10 jours ; 174 de 10 à 15 jours ; 139 de 15 à 20 jours ; 139 de 20 à 25 jours ; 129 de 25 à 30 jours ; 127 ont fait un séjour de 30 jours et plus.

Parmi ces passagères ou ces pensionnaires, 852 allaient être mères pour la première fois, 410 pour la seconde fois, 126 pour la troisième fois ; 57 en étaient à leur quatrième accouchement, 27 à leur cinquième, 25 à leur sixième, 22 à leur septième, 10 à leur huitième, 4 à leur neuvième, 4 à leur dixième ; 2 atteignaient le chiffre de onze, 2 de douze, 1 de treize, et enfin, l'une d'entre elles était sur le point de faire sa quinzième couche. Sur ces 1543 hospitalisées, 1265 étaient célibataires, 226 mariées, 45 veuves, 7 divorcées.

213 d'entre elles étaient âgées de 15 à 20 ans, 1064 de 20 à 30, 256 de 30 à 40 ; 10 avaient doublé le cap de la quarantaine.

148 comptaient un séjour de moins d'un mois à Paris, 58 étaient arrivées depuis deux mois, 157 depuis six mois, 82 depuis un an, 820 avaient une résidence parisienne de plus d'une année, et 278 y étaient nées.

Au point de vue de l'origine, cette intéressante population se décomposait en 278 Parisiennes, 1144 Provinciales, 1 Algérienne, 47 Alsaciennes, 16 Luxembourgeoises, 13 Suissesses, 9 Allemandes, 19 Belges, 3 Anglaises, 5 Russes, 1 Américaine, 1 Autrichienne, 1 Espagnole, 5 Italiennes.

La plus grande majorité de ce contingent était formée par les domestiques (987). 133 journalières, 100 couturières, 69 blanchisseuses, 30 employées, 22 fleuristes, 17 modistes, etc., se détachent dans une nomenclature où tous les métiers sont représentés (1).

(1) Strauss. — L'Assistance maternelle (Asile Michelet).

Maternité. — A aucun moment de son existence la femme n'a besoin de plus de protection que lorsqu'elle devient mère, elle n'est jamais plus entourée par les siens ; elle ne pourrait jamais l'être trop, puisque dans la période qui précède immédiatement sa délivrance, sa vie et celle d'un son enfant se jouent en un drame où la science perd parfois de ses droits et que les circonstances heureuses ou défavorables qui suivront ce périlleux évènement pèseront lourdement sur sa santé future.

L'hospitalité offerte aux femmes parvenues au dernier terme de la grossesse remonte, pour Paris et la France, au XIIIe siècle. Aujourd'hui les asiles ou hôpitaux ayant cette affectation spéciale portent le nom de Maternités. Les femmes peuvent y être reçues dans les derniers jours de leur grossesse et y rester dix à quinze jours après leur délivrance. Il est difficile, en pratique, de les retenir au delà du neuvième jour.

Asile Ledru-Rollin. — Maison de convalescence.

Le conseil municipal de Paris a décidé, le 10 juillet 1889, sur la proposition de M. Strauss, d'affecter la maison de campagne léguée à la ville par Mme veuve Ledru-Rollin, à l'établissement d'un asile de convalescence pour recevoir, pendant une période de 15 à 30 jours, les femmes sortant de la Maternité. A leur sortie, si elles n'ont pas de domicile, elles sont dirigées sur l'asile de nuit Georges Sand ou sur l'asile-ouvroir Pauline Rolland.

Les femmes sortant de la Maternité peuvent aussi être dirigées sur la maison générale de convalescence du Vésinet.

M. Paul Strauss (1) apprécie ainsi le caractère des œuvres maternelles de la ville de Paris :

« L'abri maternel n'est pas uniquement l'antichambre des Maternités : il a une fonction plus haute à remplir. Ce qu'on lui demande, ce n'est pas seulement de sauver de la misère physiologique et du délaissement matériel des femmes et des filles lâchement abandonnées par l'auteur principal de la faute, il doit être à proprement parler le *Tour* des mère, l'asile sûr et discret, cordial et réconfortant, qui prépare leur rédemption par la maternité.

(1) L'enfance malheureuse.

» En franchissant le seuil du refuge, les mères pénètrent dans un de ces lieux d'asile du moyen-âge fermé aux investigations de la justice ; elles entrent sous la garantie du secret, en gardant l'incognito si elles le veulent, sans être astreintes à aucune des formalités qui accompagnent l'admission à titre gratuit dans les hôpitaux. Lorsque l'accoucheuse a prononcé, les portes s'ouvrent à deux battants, sans question indiscrète, largement, humainement, sans exclusion d'aucune sorte.

» Qui êtes-vous ? Qui frappe à la porte ? Une fille-mère séduite, une femme légitime misérable et abandonnée. Cette réponse suffit. Parisienne, Française, étrangère, fille ou femme, entrez, soyez la bienvenue. Cette demeure est accessible aux délaissées de toute nationalité sans aucune des exigences du domicile de secours ».

C'est avec une grande intelligence des besoins matériels de la femme que le conseil municipal de Paris a compris cette partie de sa tâche, l'assistance féminine.

La femme malheureuse est recueillie dans le grand filet de l'hospitalité de nuit et l'asile Georges Sand lui ouvre ses portes ; si elle est grosse, cette maison la conserve et la nourrit pendant plusieurs jours ; puis si elle n'a pas encore atteint le huitième mois de sa grossesse, elle est dirigée sur la maison de travail, l'asile Pauline Rolland. De là, au huitième mois, elle passe à l'asile Michelet, puis à la Maternité pour sa délivrance. Pour sa convalescence, elle est envoyée à l'asile Ledru-Rollin, à Fontenay-aux-Roses, d'où elle sort au bout d'un mois pour rentrer chez elle, si elle a un chez elle, ou pour revenir à l'asile Pauline Rolland, où elle travaillera en attendant un placement ».

Le cercle est exactement fermé. Ces maisons sont très bien tenues et nous devons, pour être justes, rendre le plus complet hommage aux femmes intelligentes, éclairées et bonnes qui les dirigent. Les critiques que nous aurions à formuler ne visent en aucune façon leur maternelle direction. Nous estimons toutefois que l'assistance donnée aux femmes condamnées, libérées ou enceintes, ne doit pas être seulement matérielle, qu'il ne s'agit pas seulement de les désinfecter et de les nourrir, qu'il faut encore tenter de les désinfecter moralement et qu'on doit s'efforcer de relever celles au moins qui sont susceptibles de relèvement. Si la question n'est pas ainsi comprise, l'œuvre, sans être vaine, est incomplète, et après quelques mois passés dans une promiscuité dégradante pour un certain nombre, les hospitalisées en seront toutes au même point de dépravation; et toutes sortiront de l'asile pour se retrouver sur le trottoir, dont certaines seulement connaissaient la pratique avant d'avoir été hospitalisées.

L'assistance donnée à ces femmes aura eu pour seul résultat, il est appréciable, mais insuffisant, de leur donner les moyens de mettre au monde les enfants qu'elles s'empresseront, du reste, d'abandonner après leur naissance. La vie de ces petits êtres est ainsi assurée, mais l'œuvre est incomplète en ce qui concerne l'enfant, elle est incomplète aussi en ce qui concerne la mère puisqu'elle ne tente rien pour la sauver en la rattachant à son enfant et que l'assistance même aura été peut-être l'occasion de la dépravation d'un certain nombre de ces malheureuses.

La charité publique aura ainsi permis à ces femmes de compléter la gestation de petits Français; elle n'aura rien fait pour les engager à en être vraiment les mères. Elle est impuissante à faire davantage puisque les fondateurs interdisent aux directrices de susciter chez leurs pensionnaires l'idée de Dieu qui peut seule transformer leur souffrance et la faire servir à leur relèvement.

LES ŒUVRES DE L'INITIATIVE PRIVÉE

LES MAISONS HOSPITALIÈRES

Le refuge-ouvroir de la Société de l'allaitement maternel, avenue du Maine, 203.

L'asile-ouvroir de la Société philanthropique, rue Saint-Jacques, 233-235.

LES ASILES PROPREMENT DITS

L'asile maternel, avenue du Maine, 201.

L'asile Sainte-Madeleine, impasse Robiquet, boulevard Montparnasse, 81.

L'asile Saint-Raphaël, rue Saint-Jacques, 297,

MAISONS HOSPITALIÈRES

La Société de l'*allaitement maternel*, fondée en 1877 par Mme Bequet de Vienne, s'est proposé de distribuer des secours aux mères nouvellement accouchées pour leur donner les moyens de nourrir leurs enfants.

La fondatrice voulut aller plus loin (¹).

« C'est pour secourir et protéger l'enfant avant même qu'il naisse pour lui donner un corps robuste où bientôt se développera une âme saine que la Société de l'allaitement maternel ouvrit, au mois de mars 1892, au 203, avenue du Maine, le *premier Refuge de France* destiné aux femmes enceintes. Depuis lors, 3.200 femmes y ont été hospitalisées. En 1895, nous avons reçu 330 femmes mariées ; 15 femmes devenues veuves pendant leur grossesse et 360 abandonnées ; sur ces 705 femmes, 37 seulement sont nées à Paris.

La Société ne s'occupe pas de questions religieuses, mais elle fait droit au moindre désir exprimé par les réfugiées. La liberté de conscience est absolue au refuge. Dès leur arrivée, les assistées prennent un bain, puis elles reçoivent le linge et les vêtements de la maison. Après elles sont examinées par le médecin. Toute diathèse devinée ou déclarée est rigoureusement surveillée. Les examens sont aussi fréquents qu'il est nécessaire. Tout accident est prévu afin d'éviter les accouchements avant terme et les complications qui se produisent le plus généralement, faute de précautions. Aussi, grâce aux soins préventifs qu'elles ont reçus, pas une de nos réfugiées n'est morte en couche.

Le matin à 7 heures et demie toutes se lèvent, procèdent à une toilette complète surveillée par les infirmières, puis elles passent au réfectoire où elles déjeunent d'une soupe cinq fois par semaine et de café au lait, le jeudi et le dimanche. Elles sont occupées jusqu'à midi au ménage, à l'épluchage des légumes, à l'entretien du linge et des vêtements. A midi a lieu le second déjeuner ; puis à 1 heure, toutes montent à l'ouvroir où elles travaillent pour leur compte à des travaux faciles procurés par le refuge ; ce qui permet à nos réfugiées d'amasser en tout temps un petit pécule qui leur est remis intégra-

(¹) Extrait du Bulletin, n, 59,

lement à leur départ. A quatre heures, elles ont une demi-heure de repos et du pain à discrétion. Lorsque le temps le permet, elles sortent dans la cour et remontent ensuite à l'ouvroir jusqu'à sept heures, heure du dîner. A huit heures et demie a lieu le coucher.

Tous les jours à midi, les réfugiées déjeunent d'un plat de viande et de légumes; le soir, elles dînent d'une soupe, de viande et de légumes; 250 grammes de viande par tête et par jour sont servis rigoureusement. Tous les deux jours le pot au feu est préparé pour le soir; un rôti de bœuf, de veau ou de mouton est donné les jours intermédiaires, le pain et les légumes sont à discrétion. Un carafon de vin contenant 20 centilitres est servi à chaque repas.

Ce régime, scrupuleusement observé, a donné une moyenne de dépenses, depuis le jour de l'ouverture du refuge jusqu'à la fin de 1893 de 1 fr. 25 par journée de réfugiée.

ASILE OUVROIR POUR LES FEMMES ENCEINTES, *rue Saint-Jacques, 253-255*. — La Société philanthropique recueille dans cet asile les femmes enceintes qui se présentent aux asiles de nuit; elles sont logées et nourries gratuitement, à partir du septième mois de leur grossesse.

La maison contient 16 lits.

ASILES

ASILE MATERNEL, *avenue du Maine, 201*. — Cette maison ne reçoit que les filles qui n'abandonnent pas leurs enfants. La Directrice s'occupe de mettre l'enfant en nourrice et s'emploie pour placer la mère comme bonne ou comme ouvrière généralement, la maison ne tient pas à les placer comme nourrice, l'expérience ayant prouvé que toutes celles qui occupaient de semblables emplois tournaient encore mal.

Cette opinion est le résultat d'une longue observation; elle a du reste une base très plausible. Les nourrices trouvent en effet dans leur maternité une ressource particulière puisqu'elles louent leurs services à un taux plus élevé que les autres personnes à gages; elles deviennent l'objet de ménagements et de soins dont elles seraient autrement privées, et peuvent être amenées ainsi à vouloir prolonger, par une nouvelle maternité, une situation qui leur procure de si particulières douceurs.

La maison contient 30 lits; elle est tenue par des religieuses.

ASILE SAINTE-MADELEINE, *impasse Robiquet, boulevard Montparnasse, 81.* — C'est au fond d'une ruelle que s'ouvre la porte de l'asile Sainte-Madeleine sur une entrée bien modeste. Le visiteur est admis au parloir et la porte en est close, car l'asile est bien réellement impénétrable : c'est vraiment un refuge.

Nous avons eu l'honneur d'être plusieurs fois reçu par Mme la baronne de Brigode, qui a la haute main sur la maison et qui est aidée dans sa tâche délicate et lourde par plusieurs dames patronnesses du plus grand zèle; une d'entre elles, qui porte un nom célèbre dans les Annales de l'éloquence chrétienne, a bien voulu rédiger à notre intention une note qui constitue la meilleure des analyses de l'œuvre hors de pair à laquelle l'auteur consacre son zèle et son grand cœur.

« C'est le 3 décembre 1866 que notre œuvre a été fondée. Les débuts ont été des plus simples et des plus modestes : *un lit* d'abord, puis deux et trois; ils se sont élevés progressivement jusqu'à *cent*. C'est vous dire qu'en commençant de même et aussi modestement, on a toute chance et tout espoir de voir l'œuvre prendre des proportions importantes en peu de temps, car Dieu se charge alors de développer à son jour et à son heure le grain de sénevé semé dans l'ombre pour le bien et le salut de ces pauvres infortunées.

L'Œuvre de Sainte-Madeleine est avant tout une œuvre de relèvement, une œuvre d'âme, car on y soigne l'âme autant que le corps.

Après leurs couches, qui se font soit à la Maternité, soit chez la sage-femme de la maison, on reçoit quelques-unes des réfugiées en convalescence, puis on en place d'autres dans les refuges du Bon-Pasteur ou dans de bonnes maisons particulières; d'autres se marient; celles qui se sont attachées plus particulièrement à la maison et qui demandent à rester y sont conservées dans une sorte d'ouvroir.

Plus de 11.000 femmes ont été ainsi recueillies par l'asile Sainte-Madeleine depuis sa fondation. Le nombre des pensionnaires varie en tout temps de 80 à 100.

Toutes les femmes qui se présentent sont reçues, à l'exception des femmes mariées et des veuves. On demande 1 fr. par jour à celles qui peuvent payer; celles qui sont hors d'état de payer cette pension sont reçues gratuitement ».

Le règlement suivant est en vigueur depuis le 3 décembre 1866 :

Règlement de l'Asile Sainte-Madeleine.

Lever en été à 5 heures; en hiver à 6 heures.

Prière et méditation.	à 5 h. 1/2 et à 6 h. 1/2.
Travail.	de 6 h. 1/2 à 7 h. 1/2 et de 7 h. à 8 h.
Déjeuner.	de 7 h. à 7 h. 1/2 et de 8 h. à 8 h. 1/2.
Silence.	reprise du travail jusqu'à midi.
Lecture pieuse.	de 10 h. à 10 h. 1/2.
Silence.	de 10 h. 1/2 à 11 h.
Chant de cantiques.	de 11 h. à 11 h. 1/2.
Silence.	de 11 h. 1/2 à midi.
Dîner.	de midi à midi 1/2.
Récréation.	de midi 1/2 à 1 h. 1/2.
Travail et silence.	de 1 h. 1/2 à 2 h. 1/2.
Chant de cantiques.	de 2 h. 1/2 à 3 h.
Chapelet et chant.	de 3 h. à 4 h.
Collation.	à 4 h.
Lecture amusante.	de 4 h. à 5 h.
Chant de cantiques.	de 5 h. à 5 h. 1/2.
Silence.	de 5 h. 1/2 à 7 h.
Dîner.	de 7 h. à 7 1/2.
Prière et méditation	de 5 h. 1/2 à 6 h. 1/2.
Récréation en travaillant	de 7 h. 1/2 à 8 h.
Silence.	de 8 h. à 9 h.
Prière et méditation.	de 9 h. à 9 h. 1/2.
Coucher.	à 9 h. 1/2.

OBSERVATIONS

Silence dans les dortoirs, escaliers, réfectoire.

Lecture pendant les repas.

Aucune jeune fille ne doit se séparer de ses compagnes dans la cour.

Aucune d'elles ne doit écrire ni recevoir de lettres sans les montrer à la Directrice.

Défense d'aller à la cuisine.

Respect pour les surveillantes.

Les jeunes filles qui ne se soumettront pas au règlement seront averties une première, une deuxième fois; la troisième elles seront renvoyées.

Défense aux jeunes filles de raconter entre elles leur histoire sous peine d'être renvoyées.

A leur entrée dans la maison, Mme la Directrice doit visiter leurs malles ou leurs paquets.

On ne répond pas de l'argent qu'elles gardent sur elles ou dans leurs malles.

Parloir pour les parents, tous les dimanches de 1 h. à 3 h.

Parloir pour les anciennes, tous les dimanches de 3 h. à 4 h.

ŒUVRE DE SAINT-RAPHAEL, *rue Saint-Jacques, 297.* — Nous extrayons d'une conférence, faite le 20 février 1897, par le R. P. Dauphin, directeur de l'Œuvre, les passages qui nous paraissent de nature à faire plus particulièrement ressortir l'œuvre *complète* qui a été inspirée par la fondation pontificale de l'archi-hôpital de Saint-Roch.

«Commencée dès 1859 par le vénérable docteur et abbé Ferrand de Missol, sur le modèle de l'œuvre de Saint-Roch, qu'il avait étudiée à Rome, l'Œuvre de Saint-Raphaël a été sagement conçue et admirablement organisée. Aucune des œuvres de ce genre n'est aussi complète, aussi bien comprise; aucune ne remédie aussi parfaitement à la hideuse plaie sociale que je vous ai décrite.

» Elle ouvre ses asiles aux victimes d'une première faute qui se présentent à elle avec un sincère désir de se relever moralement ou qui lui sont recommandées par des personnes honorables comme vraiment dignes d'intérêt et de pitié, et pour lesquelles il y a un espoir sérieux de les voir entrer dans le sentier du devoir.

» On n'y reçoit pas les jeunes filles qui auraient eu déjà d'autres enfants, non plus que les femmes qui ont fait du vice un vil métier, ni toutes celles dont le contact seraient dangereux pour les âmes bien disposées. Du reste, on ne garderait pas dans la maison les personnes qui feraient du mauvais esprit ou qui tiendraient des conversations soient impies, soit immorales.

» La porte de Saint-Raphaël n'est pas fermée aux jeunes filles non catholiques, s'il y a espoir de leur faire un bien sérieux, sans crainte de nuire à leurs compagnes; et plusieurs fois déjà l'on y a reçu des protestantes et des israélites. Mais ce n'est pas un motif de bannir, comme on le fait ailleurs, toute pratique religieuse de la maison, sous le faux prétexte de la liberté de conscience. On ne fait d'ailleurs violence à personne, et les dissidentes ne peuvent être qu'édifiées de voir nos jeunes catholiques puiser dans la prière et les admirables cérémonies de notre culte le principal élément de leur force et de leur consolation.

» A leur arrivée, les pauvres enfants sont d'ordinaire profondément tristes, abattues, découragées. Le poids de la honte pèse sur elles; on les a humiliées, méprisées, rebutées de toutes part, et quelques unes ont tant souffert!

» L'accueil sympathique et tout maternel qu'elles reçoivent, la bonté, les égards, le respect de leurs maîtresses les relèvent à leurs propres yeux; leur cœur s'ouvre à l'espérance, à la confiance; leur visage même ne tarde pas à se rasséréner, leur traits à s'épanouir.

» Un règlement doux et facile, destiné à maintenir l'ordre et la paix dans la maison, contribue puissamment lui-même à opérer ce rapide changement. Elles y trouvent une heureuse variété d'occupations nullement fatigantes: heures de travail, de lectures intéressantes, de silence, de chants pieux, de prière, de délassement, toujours sous l'œil des bonnes maîtresses qui sont des mères plutôt que des surveillantes. Ce règlement écarte d'elles tout ce qui serait nuisible à leur âme, toute lecture mauvaise, toute visite suspecte, toute correspondance dangereuse.

» Durant leur séjour à Saint-Raphaël, toutes les précautions sont prises pour sauvegarder l'honneur de nos pensionnaires et celui de leurs familles. Le secret le plus inviolable est gardé sur tout ce qui les concerne.

» A leur entrée, elles reçoivent un nom d'emprunt sous lequel elles seront toujours désignées; on détermine les moyens de prudence à observer pour les correspondances. Personne autre que les parents au courant de la situation ou les personnes spécialement désignées par eux n'est admis à leur faire visite.

» Celles qui entrent dans des conditions spéciales peuvent avoir une chambre à part où on les sert, et ne paraître à la chapelle ou dans les salles communes que voilées, de telle façon que, plus tard, leurs compagnes d'infortunes ne puissent jamais les reconnaître. S'il devient nécessaire, pour un motif ou l'autre, de faire entrer des personnes du dehors dans les chambres de l'infirmerie, — ce qui arrive très rarement, — on a toujours soin de voiler aussi la figure des pensionnaires qui s'y trouvent, comme cela se pratique à l'asile Saint-Roch de Rome.

» A Saint-Raphaël, nos jeunes filles ne sont point obligées de sortir à l'approche de leur délivrance, pour aller faire leurs couches à la Maternité ou chez une sage-femme, comme cela a lieu d'ordinaire, non sans bien des inconvénients dans toutes les maisons analogues. C'est à l'asile même qu'elles trouvent tous les soins, tous les secours dont elles peuvent avoir besoin jusqu'à leur complète guérison ; et elles le quitteront en pleine sécurité, sans qu'aucune personne du dehors ait pu y soupçonner leur présence.

» Dès que le moment de la délivrance approche, elles sont séparées de leurs compagnes et conduites à l'infirmerie, où chacune a sa petite chambre bien aérée, bien proprette ; et là, tant qu'elles restent souffrantes, elles reçoivent des soins assidus de la part des dames infirmières qui, sous la direction de la sage-femme, ne craignent pas de se faire leurs servantes, ou plutôt leurs bonnes mères.

» Un autre moyen très puissant, employé par l'œuvre de Saint-Raphaël pour relever et moraliser ses chères hospitalisées, c'est le parti qu'elle sait tirer du devoir et du sentimental maternel, en ratta- chant toujours la mère à son enfant, en se faisant le trait d'union entre l'un et l'autre, en veillant constamment sur l'une comme sur l'autre.

» Elle regarde comme une chose abominable et contre nature le délaissement total de l'enfant par sa mère. Aussi n'admet-elle jamai celles qui se présentent avec la volonté arrêtée d'abandonner le fruit de leur faute à cet être impersonnel qu'on appelle l'État.

» Les mères qui en seraient réduites à cette nécessité peuvent frapper à une autre porte. Celles de Saint-Raphaël ne sont ouvertes qu'à la condition qu'il soit pourvu, d'une manière ou de l'autre, à l'éducation chrétienne de l'enfant et que, tout en prenant les précautions exigées par la prudence, la mère ne le perde jamais de vue mais s'en occupe constamment dans la mesure du possible.

» Il faut donc une promesse formelle que l'avenir du nouveau-né sera assuré, soit par elle, soit par sa famille, et s'il s'agit d'une per- sonne de condition pauvre, comme il arrive le plus souvent, il faut du moins l'espoir sérieux que, placée en service, elle pourra donner une partie de ses gages pour payer la pension du petit être qui lui devra le jour.

» Afin de l'encourager à entrer dans cette voie, on lui promet de l'aider à se placer convenablement et on lui donne l'assurance que, si elle reste fidèle, son enfant ne sera pas abandonné par l'Œuvre, vint-elle à tomber malade ou à s'en aller dans un monde meilleur. Il y a là pour elle un grand soulagement, une immense consolation. Son cœur se dilate, elle reprend courage et envisage désormais l'avenir sans crainte. Elle sent qu'elle pourra sans toutes les difficultés qu'elle s'était forgées, aimer son enfant et remplir son devoir de mère.

» C'est d'ordinaire par l'entremise de l'Œuvre que l'enfant est mis en nourrice ; c'est par son intermédiaire que se paient les mois de pension et que la mère en reçoit des nouvelles fréquentes. Les pieuses directrices restent donc en rapport avec leurs anciennes pensionnaires de toute condition, et elles profitent de ces relations qui sont toujours sympathiques pour leur donner de bons conseils, élever leur âme et les encourager dans la voie du bien.

» Ces liens se resserrent encore quand, au bout de deux ans, l'enfant rentre de nourrice et est admis à l'asile d'Antony, si admirablement situé dans une belle campagne à deux pas de la capitale. Ah ! si vous saviez comme les pauvres mères aspirent après l'heureux jour où elles sauront le cher petit entre les mains si dévouées de leurs chères maîtresses. Comme elles s'empressent d'aller lui faire une visite chaque fois qu'elles le peuvent ! Quel bonheur pour elles de lui apporter tantôt une friandise, tantôt un jouet ou un vêtement ! Comme leur cœur bondit de joie quand elles se sentent reconnues et s'entendent appeler du doux nom de *mère !* Mais comme elles s'attachent de plus en plus aux chères Dames, en voyant leurs soins, leur bonté et leur affection pour ce qu'elles ont de plus cher au monde !

» C'est ici qu'apparaît le second but indiqué par le vénéré fondateur de Saint-Raphaël : s'occuper des enfants nés dans l'Œuvre, les adopter en quelque sorte, remplacer la mère auprès d'eux, développer dans ces petites natures souvent si frêles, la vie et les forces corporelles, mais surtout les élever chrétiennement, en faire des âmes droites et fortes et les préparer à marcher avec courage dans le chemin de la vie qui, pour la plupart, sera si épineux.

» La moyenne des assistées est de 25 à 30 ; la journée d'hospitalisation revient à 2 fr., non compris le loyer, la maison appartenant à l'Œuvre, 10 p. 100 des réfugiées paient les 2 fr. de pension, 15 p. 100 sont reçues à titre gratuit.

» Les dortoirs sont composés de 6 lits.

» En glanant dans les comptes-rendus annuels, que d'anecdotes touchantes !

» Une jeune fille de la province, âgée de dix-huit ans et placée depuis quelque temps à Paris comme femme de chambre, s'était laissée tromper par un journaliste qui lui avait promis de l'épouser. Mais, comme il arrive presque toujours, sur le point de devenir mère, elle se voyait abandonnée par son séducteur. Sans ressource aucune et ne sachant que devenir, elle prit la résolution d'attenter à ses jours. Comme elle avait été élevée chrétiennement, elle voulut, par un reste de foi, aller à confesse avant d'exécuter son fatal dessein. En entrant au confessional, elle tombe évanouie, on la transporte chez une placeuse du voisinage. Au moment où elle reprenait ses sens, elle entend dire autour d'elle qu'il sera impossible de la garder, puisqu'elle n'a plus le sou en poche. A peine remise, et de plus en plus découragée, elle quitte cette maison et va immédiatement se précipiter dans la Seine. Ceux qui l'en retirèrent la conduisirent au poste voisin, où l'on essaya vainement de la ranimer. Aussi prit-on le parti de la faire transporter à la Morgue. Arrivée au parvis Notre-Dame, les brancardiers crurent remarquer qu'elle faisait un léger mouvement, et ils s'empressèrent de la déposer à l'Hôtel-Dieu, où bientôt elle fut rappelée à la vie. Visitée là par de pieuses dames de charité, elle leur avoua son état, cause de sa fatale détermination, et celles-ci l'envoyèrent à Saint-Raphaël.

» Une autre que le R. P. Le Doré avait fait entrer à titre purement gratuit, parce qu'elle n'avait pas la moindre ressource, a tenu à lui adresser cette lettre à l'heure de son départ.

» Vous rappelez-vous, mon Révérend Père, une personne qui est allée vous trouver au comble du désespoir, et à laquelle vous donnâtes l'adresse de Saint-Raphaël avec un mot de recommandation? Cette personne tient aujourd'hui à vous remercier, car, après Dieu, c'est à vous qu'elle doit le salut de son âme. Elle n'avait plus, en effet, qu'à en finir avec la vie, si elle n'eût rencontré le pieux asile où vous l'avez fait admettre et où elle a reçu un accueil si bienveillant, où elle a trouvé de si beaux exemples et de si excellents conseils.

» Elle s'en retourne aujourd'hui pleine de courage, car sa réputation est sauvée même auprès de sa famille, même auprès de sa mère, qui n'eût pas résisté au coup de la fatale nouvelle.

» Oui, mon Révérend Père, je m'en vais, résolue à travailler courageusement pour remplir mes nouveaux devoirs, et à vivre désormais en vraie chrétienne, afin de réparer ma faute autant qu'il sera possible ».

On en pourrait écrire des volumes.

LYON

La Samaritaine. — C'est à Madame et à Monsieur Sabran, l'éminent président du Conseil général d'administration des hospices de Lyon, qu'on doit, après tant d'autres services rendus, la création de cette Œuvre de réhabilitation. Nous remercions respectueusement Monsieur Sabran des renseignements qu'il nous a fournis et nous ne pouvons mieux indiquer le caractère de l'Œuvre fondée par ses soins qu'en reproduisant quelques extraits du compte-rendu qu'il a présenté le 14 mars 1896, dans une réunion présidée par Mgr l'archevêque de Lyon.

« La Samaritaine existe depuis 1891, mais c'est le 28 juin 1892 que l'Œuvre a ouvert son asile, rue Villon. Depuis cette date jusqu'au 25 février 1895, elle a hospitalisé 462 filles mères.

« Sur ce nombre 8 sont décédées, 24 ont été rayées de l'Œuvre, 48 s'en sont peu à peu éloignées. La plupart de ces dernières sont des filles dont les enfants sont morts. 382 filles sont ainsi restées en contact avec l'Œuvre, ont subi sa maternelle influence, ont été placées par les soins des dames patronnesses, ont reconnu leurs enfants pour la plupart et viennent soit pendant la semaine, soit le dimanche au siège de l'Œuvre pour exposer aux dames de service leur situation, faire leurs confidences sur leurs enfants, leurs familles, chercher à être réconfortées ou encouragées et ont une conduite régulière.

» Sur ces 382 jeunes filles, 42 ont été mariées par les soins de l'Œuvre. Le résultat tangible, incontestable est donc celui-ci : Sur 462 pauvres filles qui sont venues demander asile à la Samaritaine, 382 ont été efficacement protégées, cherchent courageusement à expier leur faute par leur bonne conduite et leur travail et conservent des relations fréquentes avec l'Œuvre qui continue à les diriger et à les placer au besoin. Chose remarquable et sur laquelle j'appelle tout particulièrement l'attention : sur le total de 462 filles admises depuis 1892, 4 seulement ont abandonné leur enfant.

» Celles-là figurent parmi les 48 qui ont cessé toute relation avec l'Œuvre et ont disparu. Toutes les autres ont reconnu leur enfant et ont accepté les charges et les devoirs de la maternité.

» Le compte-rendu de l'exercice 1895 contient les indications suivantes :

» L'asile de la rue Villon possède actuellement 35 lits : 3 sont occupés par la Directrice, la Sous-Directrice et une domestique; 32 sont mis à la disposition des pensionnaires.

» Pendant l'année 1895, il y a eu 157 jeunes filles admises. Sur ce nombre, 124 sont restées fidèles à l'Œuvre et ont été placées par les soins des dames patronnesses, 6 ont été rayées pour fautes graves, 4 ont été renvoyées ou sont parties de leur plein gré, 16 ont perdu tout contact et cessé tout rapport avec l'Œuvre, 2 sont décédées à la Charité, 5 attendaient leur entrée à la maternité de la Charité.

» Ainsi donc, sur 157 jeunes filles entrées à la Samaritaine du 1er janvier au 31 décembre 1895, il n'y en a que 26 sur lesquelles l'Œuvre n'a pas eu les moyens d'exercer son action bienfaisante; elles ont été renvoyées ou sont parties volontairement, 2 sont décédées, 5 attendent leur délivrance, 124 sont là pour attester le résultat tangible et satisfaisant de vos efforts et de votre zèle.

» Ce résultat, Mesdames, est consolant et vous pouvez éprouver une bien légitime satisfaction à la pensée que dans le cours d'une année 124 jeunes filles ont été préservées, relevées et encouragées et persévèrent dans la bonne résolution que vous avez su leur inspirer. Sur ce nombre, vous avez eu la consolation et la joie de faire conclure 19 mariages, et, grâce à vos exhortations et à vos sages conseils, vous n'avez eu à déplorer aucun abandon d'enfant. Par contre, 24 enfants ont succombé après leur départ en nourrice. Ce chiffre est malheureusement élevé, mais il tient à des causes étrangères à l'Œuvre et contre lesquelles elle est désarmée.

» 16 samaritaines ont été réconciliées avec leurs familles et ont pu, grâce aux démarches et aux soins de l'Œuvre, retrouver leur place au foyer domestique d'où elles avaient été bannies.

12 samaritaines ont pris leur enfant à leur charge exclusive.

» Pour toutes les autres, soit pour 112 mères, l'Œuvre a pu obtenir du service départemental des Enfants assistés le secours qui permet d'assurer le nourrissage de l'enfant.

» Enfin une dernière constatation reste à faire. L'Œuvre peut-elle prendre les filles mères avant les couches ou seulement après? Or l'expérience a démontré que, sauf de rares exceptions, l'influence de l'Œuvre capable de rattacher la mère à l'enfant et d'amener son relèvement ne s'exerce d'une façon efficace que sur les mères venues à l'asile avant leurs couches et qui y font un séjour salutaire pour leur santé physique et morale.

» Aussi, en 1895, sur 157 admissions, il n'y a eu que 4 jeunes filles admises seulement après leurs couches; 153 ont fait à l'asile un séjour plus ou moins prolongé avant leur délivrance et y ont été conservées après, pour achever leur convalescence en attendant qu'elles fussent placées.

» Les dépenses totales de l'exercice 1895 se sont élevées à 16,962 fr. Vous avez hospitalisé 157 pauvres filles.

» Ce qui fait ressortir la journée à 1 fr. 58 ».

Le Travail réparateur de Nantes. — L'œuvre du Travail réparateur, fondé à Nantes en 1879 par Mlle Sara Lebreton, a un caractère spécial et modeste; elle est sans doute, et d'une manière générale, un asile *payant* pour les jeunes filles séduites une première fois. D'après le règlement, la pension ordinaire des jeunes filles est de 1 fr. par jour jusqu'à leur accouchement et 2 fr. pendant leur séjour à la Maternité. Mais, d'après le témoignage de M. le Dr Laënnec, des admissions gratuites sont assez fréquentes.

Ce qui distingue en outre cet établissement nantais des Œuvres similaires payantes, c'est qu'après son accouchement la jeune mère est admise *gratuitement* à l'asile si elle nourrit elle-même son enfant, à moins d'impossibilité absolue. Cette hospitalité, que la réfugiée paye par son travail, peut même durer quatre années; après ce temps, elle peut laisser son enfant à l'orphelinat moyennant une pension mensuelle de 12 fr. par mois.

Depuis sa fondation jusqu'en 1894, le Travail réparateur avait recueilli 275 jeunes filles, parmi lesquelles 22 se sont mariées, 88 ont été placées par l'Œuvre, 39 ont été placées par des parents, 75 ont été reprises par leurs familles, 8 sont mortes à l'Hôtel-Dieu, 10 sont entrées dans les ordres religieux, et 12, n'ayant pas séjourné à l'Œuvre le temps voulu par les statuts, se sont placées elles-mêmes.

Ce patronage reçoit les femmes après l'accouchement, s'occupe de la mère et de l'enfant dans le présent et dans l'avenir ([1]).

ÉTAT DE LA QUESTION A BORDEAUX

La création d'un refuge spécialement destiné aux femmes grosses avait déjà préoccupé quelques personnes charitables, notamment le Dr Lefour, chirurgien en chef de la Maternité, et au mois de juillet 1894, l'auteur de la présente étude, envoya à plusieurs congrégations religieuses une note dont nous extrayons le passage suivant :

« Les Œuvres d'assistance aux femmes enceintes sont destinées, malgré les difficultés d'exécution qu'elles rencontrent, à prendre un important développement.

L'assistance publique a organisé depuis quelque temps à Paris l'hospitalisation de cette catégorie de femmes pour leur permettre d'attendre leur entrée dans les Maternités et les recueillir à leur sortie. Parmi ces malheureuses, il en est un grand nombre qui ne sont susceptibles d'aucun relèvement. Mais parmi elles, il y aussi des abusées et des victimes qui ne veulent pas s'adresser à l'assistance publique et sont dignes d'intérêt. Certaines Œuvres charitables de Paris ont été fondées par une généreuse initiative pour venir à leurs secours, les aider à racher leur faute, s'occuper de leur délivrance, de leur placement et de celui de leurs enfants. Ce sont :

L'asile Sainte-Madeleine, impasse Robiquet, boulevard Montparnasse, 81.

L'asile Saint-Raphaël, rue Saint-Jacques, 297.

Le Refuge-ouvroir, avenue du Maine, 203.

L'Asile ouvroir, rue Saint-Jacques, 253.

L'asile Saint-Raphaël me paraît être la création qui répond le mieux à nos intentions.

Cette maison reçoit les jeunes filles qui, après une première faute, montrent le désir de mener une vie meilleure ; elles paient une pen-

[1] Strauss, *L'Assistance maternelle.*

sion modique et y demeurent jusqu'après leur délivrance. L'enfant peut être mis en nourrice et, à l'âge de 2 ans, est admis dans un orphelinat. »

Les congrégations sollicitées ne voulurent pas accepter de diriger la fondation projetée; et ce n'est qu'après deux ans d'attente et d'efforts et après avoir frappé à bien des portes que nous pouvons espérer voir une maison hospitalière s'élever dans les conditions que nous souhaitions dès le premier jour. Le rêve des initiateurs serait ainsi réalisé.

Au même moment, à l'instigation du docteur Lefour, la question était portée devant la Société d'hygiène publique de Bordeaux par M. le Dr Oui, alors chef de clinique obstétricale à la Faculté de médecine de Bordeaux, qui exposait la question dans ces termes :

« Actuellement, à Bordeaux, il existe pour les femmes enceintes 40 lits, dont 25 à la Maternité de Pellegrin, et 15 à la clinique d'accouchements de l'hôpital Saint-André. Ces quarante lits sont-ils suffisants? Pas du tout. Ils sont presque constamment occupés; aussi le règlement est-il très justifié, qui ne permet, hors les cas urgents, de recevoir les femmes que pendant le dernier mois de leur grossesse, c'est-à-dire au moment où elles ont besoin d'une surveillance spéciale et de soins minutieux.

» Je n'ai pas pu juger par moi-même de ce qui se passe à la Maternité de Pellegrin; mais j'ai pu, pendant trois années, voir tous les jours ce qui se passe à l'hôpital Saint-André et je présume que, sur ce point, les choses doivent dans les deux services se comporter de façon à peu près identique.

» Combien de fois ne nous est-il pas arrivé de voir s'adresser à nous une mère de famille ne pouvant plus nourrir ses enfants : « Pas de place, revenez dans quelques jours, peut-être aurons-nous un lit? » Et si cette femme n'était grosse que de sept mois, ce n'était pas quelques jours qu'elle avait à attendre, c'était quatre ou cinq semaines.

» Et les filles-mères, fuyant leur famille, venant de la campagne pour échapper aux injures et aux outrages de ceux qui les entourent; et celles que le jour même leurs maîtres avaient jetées sur le pavé, sans s'occuper de ce qu'elles deviendraient. Celles-là nous arrivaient, enceintes de six mois à peine, et nous étions obligés de leur refuser asile. Il faut avoir assisté à ces scènes de désespoir; il faut avoir vu ces pleurs, il faut avoir entendu ces cris : « Que vais-je devenir, si vous ne voulez pas de moi ? » pour se rendre compte de la réelle douleur qu'on éprouve à ne pas pouvoir secourir ces malheureuses. On est, à ce moment, tenté de considérer le règlement hospitalier comme cruel ; et cependant, il n'est que sage. Devant des situations réellement navrantes, dans des cas où il devient impossible de ne pas se laisser aller à la pitié, nous avons fait fléchir le règlement. Conséquence fatale : nous avons immobilisé un lit pour deux mois et demi, parfois pour trois mois et, pendant ce temps, nous avons dû refuser, faute de place, des femmes tout aussi malheureuses, tout aussi intéressantes. Pour en secourir une, nous avons été obligé d'en négliger trois ou quatre dont les besoins étaient tout aussi pressants, sinon plus encore. A celles que nous avions refusées, il fallait un abri. Elles sont allées chercher ailleurs ce que nous ne pouvions leur donner, et c'est ainsi qu'on rencontre dans des services hospitaliers des femmes enceintes de sept à huit mois, terminant leur grossesse entre une malade atteinte de fièvre typhoïde et une tuberculeuse ».

Et le docteur Oui conclut dans les termes suivants :

« Ce que je voudrais voir se fonder à Bordeaux, c'est une Société qui remplirait ce but. Je voudrais voir s'ouvrir un refuge dans lequel serait admise, quel que fût l'âge de sa grossesse, toute femme qui viendrait demander secours. Je voudrais voir ensuite cette femme aidée dans la lutte qu'elle soutient pour son existence et pour celle de son enfant ; mais à une condition formelle, c'est que, à moins de circonstances spéciales, jugées par un médecin, l'enfant serait allaité par sa mère ».

Le vicomte Pierre de Pelleport-Burète, rapporteur de la classe 32 (Institutions de bienfaisance) de l'Exposition philomathique de 1895, formulait le vote suivant en 1895 à l'occasion de la même question.

« Les œuvres de l'Enfance sont particulièrement développées à Bordeaux et il est tout indiqué que cette question si poignante, qu'on l'envisage au point de vue charitable, humanitaire ou patriotique, attire l'attention de tous et provoque le dévouement le plus passionné.

» Il semble toutefois que ce ne soit pas assez de prendre l'enfant pauvre ou abandonné à sa naissance pour le suivre jusqu'au régiment ; la charité doit aller plus avant encore et étendre sa protection sur les futurs soldats de la France avant leurs premiers vagissements.

» Souhaitons qu'une semblable fondation suscite l'ambition jamais inassouvie de nos compatriotes qui voudront ajouter ainsi un fleuron de plus à la couronne charitable de leur grande cité ».

Au même moment, le docteur Lugeol, chirurgien en chef de la Maternité de Bordeaux, portait la même question au congrès de protection de l'enfance, tenu à Bordeaux en 1895, par les soins de la Société protectrice de l'enfance.

Actuellement la Maternité, dirigée avec une grande compétence et un grand talent par le docteur Lefour, reçoit les femmes 15 jours avant leur délivrance; avant ce moment elles peuvent être reçues et hospitalisées à l'asile Nelly Brandenburg qui dépend de l'Œuvre de l'hospitalité de nuit et dans le refuge de l'Œuvre du relèvement moral qui est placé sous la direction éclairée de Mlle Fritsch.

L'un et l'autre de ces asiles reçoivent indistinctement toutes les catégories de femmes malheureuses, et une notable partie de leur clientèle est composée de femmes grosses, quelles que soient les conditions morales dans lesquelles elles peuvent se trouver.

LA PART DE L'ASSISTANCE PUBLIQUE
ET DE L'ASSISTANCE PRIVÉE

L'assistance publique remplit une mission d'un ordre général qui est de venir en aide aussi largement qu'elle le peut aux diverses catégories de malheureux sans appui, aux enfants trouvés, aux aliénés, aux malades, aux sourds-muets, aux vieillards, et, dans le cas particulier, aux femmes enceintes qu'elle reçoit dans ses Maternités, dans ses asiles et dans ses hôpitaux.

L'administration ne peut imposer à ses assistés que certaines conditions générales, d'âge, de maladie, de séjour; elle traite l'infirmité ou la maladie comme peut les traiter un service public.

Elle acquitte la dette de la nation envers ceux qui sont portés sur le Grand-Livre de la bienfaisance publique comme le percepteur acquitte la dette de l'État vis-à-vis de ses pensionnés, comme le capitaine de compagnie distribue des effets d'habillement aux soldats suivant certaines pointures déterminées par l'expérience. Mais les fonctionnaires de l'assistance publique, comme le capitaine ou le percepteur, ne sont pas libres de plier les règles générales, entre lesquelles il leur est loisible de se mouvoir, aux besoins spéciaux qu'ils peuvent reconnaître chez leurs administrés, et les moyens dont ils disposent sont ainsi forcément très limités. D'autre part, l'assistance publique ne peut secourir l'universalité des malheureux.

C'est pour remédier d'une manière générale à cette insuffisance que l'initiative privée fonde des œuvres, afin de traiter plus utilement certains cas particulièrement délicats. Que fait, en effet, l'assistance publique pour la femme enceinte? Elle lui ouvre ses maternités; elle la délivre et la rend à la liberté, la plupart du temps à la rue; elle reçoit aussi l'enfant lorsque la mère l'abandonne, le soigne, l'élève, généralement loin de la mère; elle sauve ainsi la vie de la mère et celle de l'enfant, mais elle ne s'occupe en aucune manière de faire naître et de cultiver chez la femme le sentiment de la maternité, d'attacher la mère à l'enfant, de telle sorte que la vie morale de l'un et de l'autre soit préservée : la vie de la mère par l'enfant, la vie de l'enfant par la mère et qu'ils soient plus intimement unis par le sacrifice et par l'amour.

La charité légale ne crée pas une famille même boiteuse à ces deux êtres faibles et souvent intéressants auxquels la nature a refusé le bonheur d'avoir une famille régulière et complète.

Elle ne peut généralement pas faire autrement, bien qu'elle s'efforce, par de louables efforts qu'il faut reconnaître, de prévenir les abandons par les secours qu'elle donne aux mères qui conservent leurs enfants.

Certes, s'écrie M. Sabran, dans le rapport remarquable auquel nous avons fait de nombreux emprunts à un chapitre précédent, « les filles qui ont commis une seconde faute ne doivent pas être repoussées; il ne faut point les obliger à rester dans la boue d'où elles voudraient sortir, et la miséricorde doit aussi descendre sur ces fronts qui s'illuminent quelquefois des rayons du repentir, mais c'est à l'assistance publique à leur tendre la main et c'est nous, administration des hospices, qui devons les recueillir. Une loi en préparation sur l'assistance maternelle permettra de recevoir ces malheureuses au chef-lieu de chaque département ».

Le rôle de l'assistance publique en pareille matière est de recevoir toutes les femmes dans ces conditions, de façon à les hospitaliser pendant le temps plus particulièrement difficile de leur grossesse, celui pendant lequel elles ne peuvent travailler.

Quelles sont celles qui frapperont à la porte de ces établissements si largement ouverts? La plupart des femmes malheureuses qui seront dans cet état, je le veux bien, mais il en est qui n'iront pas affronter la promiscuité de ses hôpitaux ou de ses asiles, ce sont celles qui ont été surprises ou trompées et qui se sont laissé entraîner sans connaître les rigueurs des lois de la nature. Ce sont celles dont parle le R. P. Dauphin, à propos de l'œuvre de Saint-Raphaël, celles dont on raconte l'histoire à mots couverts dans le parloir de l'asile Sainte-Madeleine, les réfugiées de la Samaritaine dont nous entretient M. Sabran, ce sont les clientes des Maternités clandestines et des faiseuses d'anges, celles dont parle M. Brouardel dans une séance de l'Académie de médecine.

« Combien de malheureuses (1) en arrivent au crime pour faire disparaître le fruit de leur faute! Bien que la plus grande partie des coupables échappent à la justice, de 1844 à 1887 on a annuellement compté en moyenne 186 mises en accusation et 209 accusées pour infanticide. Aux filles et aux veuves réputées honnêtes, la crainte du déshonneur inspire les pires désespoirs; leur volonté ne faiblit pas pendant les douleurs d'un accouchement solitaire. Elles les supportent sans pousser un cri, un gémissement. Si dans la chambre où elles accouchent il y a d'autres personnes, pas un mouvement, pas un bruit n'accuse le drame qui s'accomplit. Instinctivement, dès que l'enfant naît, la mère met la main sur la face de l'enfant, elle l'étouffe parce qu'un cri révèlera sa présence. Quelques heures après, la mère reprend ses travaux et parvient souvent à ce que dans son attitude rien ne décèle ce qui vient de se passer.

» Parfois à côté du cadavre de l'enfant, ajoute ce professeur de médecine légale, nous avons trouvé celui de la mère morte d'hémorrhagie. Même l'instinct de la conservation ne lui a pas fait invoquer un secours ».

(1) *Bulletin de l'Académie de médecine*, 14 avril 1891.

A la plupart de celles-là qui sont à ce point obsédées de la crainte de voir découvrir leur secret et publier leur honte qu'elles vont l'ensevelir dans la mort, on ne peut assurer la vie et celle de leur enfant que si elles savent que la charité chrétienne leur ouvre un asile et si elles sont bien certaines qu'elles y trouveront, loin des yeux du monde, le pardon et l'oubli.

La femme tombée sait que les seuls asiles inviolables sont ceux où elle trouvera le prêtre qui doit pousser le secret de la confession jusqu'au martyre, la vierge qui a poussé l'amour du sacrifice jusqu'au brisement volontaire des liens les plus étroits, que le seul refuge où les bruits du monde ne parviennent pas, sont ceux qu'ouvre la religion qui bâtit les monastères et qui sanctifie les tombes.

En voyant le renoncement et les privations volontaires de celles qui les reçoivent et qui les soignent elles envisageront la souffrance d'un œil plus ferme et moins révolté et, suivant la parole de Lacordaire « le malheur ouvrira leur âme à des lumières que la prospérité ne discerne pas ».

« La séduction, a dit Mme Schwetchine, n'est pas la corruption, et les cœurs qui ne sont que séduits ne sont jamais bien loin de devenir vertueux ».

La femme qui en est à sa première faute est généralement une femme séduite; elle est susceptible de relèvement. Placez-la dans un milieu sain, arrachez-la au contact avilissant de la professionnelle qui va de la débauche à l'asile puis à la Maternité, et de là au bureau des Enfants assistés pour recommencer la même odyssée, qui dans la rue, par les soirées d'hiver, aura le souvenir des tièdes atmosphères de l'asile Michelet et, à l'asile, la nostalgie du cabaret ou du bouge, qui n'est plus une femme et ne sera jamais une mère.

Que la Société recueille l'enfant tombé du sein de la malheureuse descendue dans l'abjection, qu'elle l'adopte et l'élève, ses procédés d'éducation vaudront toujours mieux que ceux de la mère. Mais gardons-nous d'agir de même avec la femme susceptible de relèvement: il ne suffit pas de conduire celle-là jusqu'au terme, il faut aller plus loin, il faut en faire une mère et la relever par l'amour, il faut que cette femme ait un but désormais dans la vie : son enfant, et que ses souffrances, ses douleurs lui méritent la suprême consolation d'entendre la voix d'un petit être, qui lui devra tout, lui donner le doux nom de mère. Il faut aussi que cet enfant, dont elle a payé si cher l'existence, soit plus qu'un numéro matricule dans les bureaux de l'assistance publique, il mérite par les sacrifices de sa mère de n'être pas abandonné dès ses premiers pas dans la vie; il a le droit, lui aussi, de voir une tendre figure se pencher sur son berceau, de sentir plus tard une douce main s'appuyer sur son épaule et d'entendre la voix, qui a chanté pour l'endormir, lui murmurer tendrement « mon fils ».

L'amour sera la rançon de la faute. Que cet enfant reçoive les enseignements du meilleur des professeurs, de la mère : car, suivant la parole de Jules Simon : « C'est la malheureuse femme qui n'a pas reçu d'éducation, qui ne sait pas ce que c'est que la morale, qui n'a pas dans la tête une idée philosophique, c'est elle pourtant qui est le professeur de morale, le seul, le vrai, le maître écouté et puissant dont l'influence et l'autorité durent toute la vie. C'est sur elle que repose la religion de la famille, et c'est sur cette religion que repose la patrie ».

C'est pour faire de la femme tombée une mère qu'on a fondé les œuvres de Saint-Raphaël, de Sainte-Madeleine, de la Samaritaine. C'est pour que le relèvement des hospitalisées soit certain que ces Œuvres ont spécialisé leur assistance et agissent seulement sur les femmes mieux disposées par leurs antécédents à devenir des mères de famille dans l'acception élevée du terme. Et pour que leur action soit efficace il est indispensable de ne pas mélanger les assistées avec d'autres femmes qui peuvent, elles aussi, être susceptibles d'amendement, mais chez lesquelles la récidive implique une certaine réserve, ces dernières méritent aussi une assistance mais elle doit leur être donnée dans d'autres établissements.

Ces diverses fondations sont des branches diverses d'une même assistance.

Une objection est souvent faite.

Fonder des établissements pour l'assistance aux femmes grosses et par conséquent aux filles mères, c'est donner une prime à la débauche.

Il nous paraît que l'objection tombe d'elle-même à la lecture des résultats de la présente enquête. On ne peut avancer qu'en créant l'hôpital de Saint-Roch, la Papauté ait voulu favoriser le vice.

M. Sabran, un des maîtres de l'assistance, discute la question avec sa haute compétence dans une réunion présidée par Sa Grandeur l'Archevêque de Lyon; nous lui laissons la parole :

« Il y aura calcul, disent nos détracteurs, de la part des jeunes filles qui, sachant d'avance qu'elles seront recueillies, protégées, ne reculeront pas devant la faute, et l'hospitalisation que vous leur offrez ne constituera qu'une prime à l'inconduite.

Ici, Mesdames, je m'arrête et je m'étonne. Croyez-vous, ne craindrai-je pas de dire à vos critiques, qu'un si honteux calcul, qu'une semblable machination, puisse naître dans l'esprit d'une jeune fille qui n'a pas commis le mal, à qui la vie est inconnue, et qui la plupart du temps ne succombera que parce qu'elle aura cédé à un entraînement passager, à une faiblesse de son cœur? C'est à peine si ce calcul que vous semblez redouter pourrait se présenter à la pensée d'une jeune fille corrompue, habituée au vice, et encore son calcul serait faux, je vais le démontrer.

Non, dans les conditions de sélection imposées à l'admission, il ne saurait y avoir place pour un calcul de ce genre.

Supposer qu'une jeune fille qui n'a pas commis de faute puisse être entraînée à la commettre parce qu'elle saura qu'elle peut compter sur une assistance, est une supposition que je ne puis admettre.

Et d'abord, le plus souvent, la jeune fille ignore l'existence même de l'Œuvre.

Puis, parmi les causes multiples qui provoquent une première faute, j'en appelle à tous ceux qui ont la triste expérience de la vie, il y a le plus souvent, ainsi que je vous le disais tout à l'heure, un entraînement du cœur qui ne sait pas résister à de perfides suggestions ou à une promesse de mariage trop facilement écoutée.

Il y a malheureusement trop souvent encore la surprise, la violence et l'abominable contrainte morale exercée par ceux-là mêmes qui ont la mission et en tout cas le devoir de protéger la jeune fille.

Il y a bien rarement, et pour ainsi dire, jamais, le calcul.

Aussi le bon sens populaire, avec cette logique qu'on lui reconnaît, accorde-t-il une part de miséricordieuse sympathie aux victimes d'une première faute et les fait-il bénéficier d'une large indulgence qui se trahit jusque dans son langage. Le peuple appelle les récidivistes du vice « les dévergondées », tandis que les jeunes filles que vous accueillez à la *Samaritaine* ne sont pour lui que des filles trompées ».

Et le chanoine Condamin, dans un sermon donné en faveur de l'œuvre de la Samaritaine, accentue l'opinion de M. Sabran dans les termes suivants :

« Courage, Mesdames, et sans défaillance et malgré tout, en avant ! Je dis *malgré tout*, parce qu'il peut se faire que votre Œuvre mal comprise et méconnue, soit pour quelques-uns l'occasion de ce scandale d'espèce particulière que les théologiens appellent « le scandale pharisaïque », etc.

De pareils témoignages nous paraissent irréfutables, nous aimons à les invoquer pour couvrir contre toute critique l'opinion très nette que nous avons nous-même en cette délicate matière. Nous ne pouvons comprendre le calcul, c'est-à-dire l'intérêt que pourrait avoir une femme à affronter la douleur de la maternité, pour apprécier les rigueurs de l'opinion publique, pour goûter les âpres consolations du refuge et pour s'imposer volontairement les charges peut-être exclusives de l'éducation de son enfant. Autant vaudrait dire qu'en commettant une faute, on escompte les douceurs du repentir. L'œuvre du pape Innocent III répond du reste victorieusement à l'objection.

Il y a déjà plusieurs années, un homme de bien, qui mettait son grand talent au service des œuvres de charité, en a appelé lui aussi du pharisaïsme à une plus charitable appréciation des choses : nous voulons reproduire son appel plein de cœur, c'est la meilleure conclusion que nous puissions donner à cette esquisse de la question.

« O femmes, femmes irréprochables, s'écrie Maxime Du Camp (1), mères dévouées, aïeules, fières de votre lignée, pensez aux filles mères; oubliez le péché, ne considérez que le désastre; ne continuez pas à vous détourner d'elles; ne punissez pas la preuve de la faute plus que la faute elle-même, dont le rtultasé seul est le plus cruel des châtiments. Songez à tant de misère, à tant de jeunesse perdue, à l'existence compromise pour une heure d'oubli, pour une rencontre peut-être anonyme. Que votre vertu impeccable, que le vœu de chasteté prononcé par les religieuses ne vous empêchent pas, ne les empêchent pas d'ouvrir quelque asile où ces infortunées trouveront le secours matériel et le secours moral dont elles ont besoin.

» A ces âmes fourvoyées il faut autre chose que le règlement admi-

(1) La Charité à Paris.

nistratif de la Maternité, de la *Bourbe,* comme elles disent; vous en relèverez plus d'une si vous y daignez compatir. Si pareilles aux Dames du Bon-Pasteur qui vont chercher les brebis malades jusqu'au fond des léproseries, vous ne reculez pas dans l'œuvre de la pitié, si vous tendez la main à la déchéance, si par la compassion vous ressaisissez des cœurs que le vice va atrophier, vous aurez diminué le nombre des berceaux dans l'hospice des Enfants assistés et vous aurez empêché bien des créatures, affolées par une minute d'hallucination, d'aller s'asseoir sur la sellette des cours d'assises. Vous ferez mieux que saint Vincent-de-Paul qui ne recueillait que les enfants abandonnés : vous les sauverez avant leur naissance et cela en sauvant leur mère! »

CONCLUSION

—

Nous avons voulu, en publiant la présente étude, prouver que la science, la philanthropie et la charité étaient d'accord pour demander au public de jeter les yeux sur des malheureuses femmes victimes de l'entraînement et de la misère.

La science a parlé, ce sont les médecins, témoins dans les Maternités de situations dignes de pitié qu'ils sont impuissants à soulager, confesseurs de crimes dont ils ensevelissent le souvenir au plus profond de leur conscience.

La philanthropie élève la voix et plaide la cause des femmes qu'elle recueille dans ses asiles et dans ses refuges, elle secourt déjà l'enfant venu au monde mais elle veut aller plus loin encore et penser à lui avant d'avoir entendu ses premiers vagissements.

Et la charité chrétienne couvre ce concert de voix qui s'élève en faveur de ces déshérités, elle rappelle que le Christ a tendu la main à la femme tombée, et dans la malheureuse victime des duretés de la foule, dans l'enfant abandonné à son entrée dans la vie sans aide et sans soutien, elle voit une femme à relever, un enfant à sauvegarder, des âmes à sauver.

Et de tous les côtés des dévouements ont répondu, des voix se sont élevées pour défendre cette femme et cet enfant, des mains se sont ouvertes pour leur bâtir des asiles, des cœurs se sont donnés.

Et des mains s'ouvriront encore, des cœurs se donneront qui étaient restés fermés.

Notre grand Bordeaux ne restera pas en arrière dans cette croisade charitable, car Bordeaux n'a jamais déserté le bon combat, et demain, à côté de nos œuvres admirables, il s'en élèvera une autre, l'œu

4

bordelaise de Saint-Raphaël qui recueillera la femme susceptible de relèvement, lui demandera de ne pas abandonner son enfant, et les rattachera par des liens que le temps sera impuissant à briser.

Souhaitons que l'Œuvre nouvelle trouve le chemin du cœur de nos concitoyens. C'est notre vœu le plus ardent, ce sera la conclusion de l'étude que nous leur présentons.

21,198. — Bordeaux, Y. Cadoret, impr., rue Montméjan, 17.